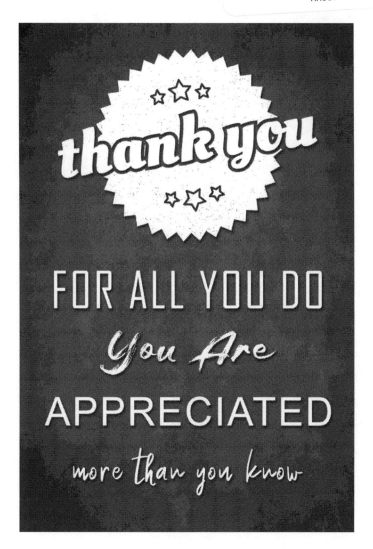

THIS NOTEBOOK — JOURNAL BELONGS TO:

_____

Thank You
For All
You Do!

"Believe in miracles but above all believe in yourself!"

Date: /   /

_____

_____

_____

_____

_____

_____

_____

_____

_____

_____

_____

_____

_____

_____

_____

_____

THINGS TO BE GRATEFUL FOR TODAY

THINGS TO DO

DATE:___/___/___

- [ ] _____
- [ ] _____
- [ ] _____
- [ ] _____
- [ ] _____
- [ ] _____
- [ ] _____
- [ ] _____
- [ ] _____
- [ ] _____
- [ ] _____
- [ ] _____
- [ ] _____
- [ ] _____
- [ ] _____
- [ ] _____
- [ ] _____
- [ ] _____

TOP PRIORITIES TODAY

1. _____
2. _____
3. _____

> *"Never downgrade your dreams, reach for the stars and believe in your self power"*

Date: /   /

_____

_____

_____

_____

_____

_____

_____

_____

_____

_____

_____

_____

_____

_____

_____

_____

THINGS TO BE GRATEFUL FOR TODAY

THINGS TO DO

DATE:___/___/___

- [ ] _____
- [ ] _____
- [ ] _____
- [ ] _____
- [ ] _____
- [ ] _____
- [ ] _____
- [ ] _____
- [ ] _____
- [ ] _____
- [ ] _____
- [ ] _____
- [ ] _____
- [ ] _____
- [ ] _____
- [ ] _____
- [ ] _____
- [ ] _____

TOP PRIORITIES TODAY

1. _____
2. _____
3. _____

Date: /   /

THINGS TO BE GRATEFUL FOR TODAY

THINGS TO DO

DATE:___/___/___

- [ ] _____
- [ ] _____
- [ ] _____
- [ ] _____
- [ ] _____
- [ ] _____
- [ ] _____
- [ ] _____
- [ ] _____
- [ ] _____
- [ ] _____
- [ ] _____
- [ ] _____
- [ ] _____
- [ ] _____
- [ ] _____
- [ ] _____
- [ ] _____

TOP PRIORITIES TODAY

1. _____
2. _____
3. _____

Date: /   /

_____

_____

_____

_____

_____

_____

_____

_____

_____

_____

_____

_____

_____

_____

_____

_____

_____

THINGS TO BE GRATEFUL FOR TODAY

THINGS TO DO

DATE:___/___/___

- [ ] _____
- [ ] _____
- [ ] _____
- [ ] _____
- [ ] _____
- [ ] _____
- [ ] _____
- [ ] _____
- [ ] _____
- [ ] _____
- [ ] _____
- [ ] _____
- [ ] _____
- [ ] _____
- [ ] _____
- [ ] _____
- [ ] _____
- [ ] _____

TOP PRIORITIES TODAY

1. _____
2. _____
3. _____

Date: /   /

_____

_____

_____

_____

_____

_____

_____

_____

_____

_____

_____

_____

_____

_____

_____

_____

THINGS TO BE GRATEFUL FOR TODAY

THINGS TO DO

DATE:___/___/___

- [ ] _____
- [ ] _____
- [ ] _____
- [ ] _____
- [ ] _____
- [ ] _____
- [ ] _____
- [ ] _____
- [ ] _____
- [ ] _____
- [ ] _____
- [ ] _____
- [ ] _____
- [ ] _____
- [ ] _____
- [ ] _____
- [ ] _____
- [ ] _____

TOP PRIORITIES TODAY

1. _____
2. _____
3. _____

"Start where you are and take chances"

Date: /   /

_____

_____

_____

_____

_____

_____

_____

_____

_____

_____

_____

_____

_____

_____

_____

_____

_____

THINGS TO BE GRATEFUL FOR TODAY

THINGS TO DO

DATE:___/___/___

- [ ] _____
- [ ] _____
- [ ] _____
- [ ] _____
- [ ] _____
- [ ] _____
- [ ] _____
- [ ] _____
- [ ] _____
- [ ] _____
- [ ] _____
- [ ] _____
- [ ] _____
- [ ] _____
- [ ] _____
- [ ] _____
- [ ] _____
- [ ] _____

TOP PRIORITIES TODAY

1. _____
2. _____
3. _____

"Every great achievement was once impossible"
- Anonymous

Date: /   /

_____

_____

_____

_____

_____

_____

_____

_____

_____

_____

_____

_____

_____

_____

_____

_____

_____

THINGS TO BE GRATEFUL FOR TODAY

THINGS TO DO

DATE:___/___/___

☐ _____
☐ _____
☐ _____
☐ _____
☐ _____
☐ _____
☐ _____
☐ _____
☐ _____
☐ _____
☐ _____
☐ _____
☐ _____
☐ _____
☐ _____
☐ _____
☐ _____
☐ _____

TOP PRIORITIES TODAY

1. _____
2. _____
3. _____

Date: /   /

_____

_____

_____

_____

_____

_____

_____

_____

_____

_____

_____

_____

_____

_____

_____

THINGS TO BE GRATEFUL FOR TODAY

THINGS TO DO

DATE:____/____/____

- [ ] _____
- [ ] _____
- [ ] _____
- [ ] _____
- [ ] _____
- [ ] _____
- [ ] _____
- [ ] _____
- [ ] _____
- [ ] _____
- [ ] _____
- [ ] _____
- [ ] _____
- [ ] _____
- [ ] _____
- [ ] _____
- [ ] _____
- [ ] _____

TOP PRIORITIES TODAY

1. _____
2. _____
3. _____

"When life gives you lemons, add a little gin and tonic"

Date: /   /

_____

_____

_____

_____

_____

_____

_____

_____

_____

_____

_____

_____

_____

_____

_____

_____

_____

THINGS TO BE GRATEFUL FOR TODAY

THINGS TO DO

DATE:___/___/___

- [ ] _____
- [ ] _____
- [ ] _____
- [ ] _____
- [ ] _____
- [ ] _____
- [ ] _____
- [ ] _____
- [ ] _____
- [ ] _____
- [ ] _____
- [ ] _____
- [ ] _____
- [ ] _____
- [ ] _____
- [ ] _____
- [ ] _____
- [ ] _____

TOP PRIORITIES TODAY

1. _____
2. _____
3. _____

"When you feel you are defeated, just remember, you have the power to move on, it is all in your mind"

Date: /   /

_____

_____
_____
_____
_____
_____
_____
_____
_____
_____
_____
_____
_____
_____
_____
_____
_____
_____

THINGS TO BE GRATEFUL FOR TODAY

THINGS TO DO

DATE:___/___/___

- [ ] _____
- [ ] _____
- [ ] _____
- [ ] _____
- [ ] _____
- [ ] _____
- [ ] _____
- [ ] _____
- [ ] _____
- [ ] _____
- [ ] _____
- [ ] _____
- [ ] _____
- [ ] _____
- [ ] _____
- [ ] _____
- [ ] _____
- [ ] _____

TOP PRIORITIES TODAY

1. _____
2. _____
3. _____

"Opportunity comes to those who never give up"

Date: /   /

_____

_____

_____

_____

_____

_____

_____

_____

_____

_____

_____

_____

_____

_____

_____

_____

THINGS TO BE GRATEFUL FOR TODAY

THINGS TO DO

DATE:___/___/___

- [ ] _____
- [ ] _____
- [ ] _____
- [ ] _____
- [ ] _____
- [ ] _____
- [ ] _____
- [ ] _____
- [ ] _____
- [ ] _____
- [ ] _____
- [ ] _____
- [ ] _____
- [ ] _____
- [ ] _____
- [ ] _____
- [ ] _____
- [ ] _____

TOP PRIORITIES TODAY

1. _____
2. _____
3. _____

"Kindness is the oil that takes the friction out of life"
- Anonymous

Date: /   /

_____
_____
_____
_____
_____
_____
_____
_____
_____
_____
_____
_____
_____
_____
_____
_____

THINGS TO BE GRATEFUL FOR TODAY

THINGS TO DO

DATE:___/___/___

- [ ] _____
- [ ] _____
- [ ] _____
- [ ] _____
- [ ] _____
- [ ] _____
- [ ] _____
- [ ] _____
- [ ] _____
- [ ] _____
- [ ] _____
- [ ] _____
- [ ] _____
- [ ] _____
- [ ] _____
- [ ] _____
- [ ] _____
- [ ] _____

TOP PRIORITIES TODAY

1. _____
2. _____
3. _____

Date: /   /

_____

_____
_____
_____
_____
_____
_____
_____
_____
_____
_____
_____
_____
_____
_____
_____
_____
_____
_____
_____

THINGS TO BE GRATEFUL FOR TODAY

THINGS TO DO

DATE:___/___/___

- [ ]
- [ ]
- [ ]
- [ ]
- [ ]
- [ ]
- [ ]
- [ ]
- [ ]
- [ ]
- [ ]
- [ ]
- [ ]
- [ ]
- [ ]
- [ ]
- [ ]
- [ ]

TOP PRIORITIES TODAY

1. _____
2. _____
3. _____

Date: /   /

_____

_____

_____

_____

_____

_____

_____

_____

_____

_____

_____

_____

_____

_____

_____

_____

_____

_____

THINGS TO BE GRATEFUL FOR TODAY

THINGS TO DO

DATE:___/___/___

- [ ] _____
- [ ] _____
- [ ] _____
- [ ] _____
- [ ] _____
- [ ] _____
- [ ] _____
- [ ] _____
- [ ] _____
- [ ] _____
- [ ] _____
- [ ] _____
- [ ] _____
- [ ] _____
- [ ] _____
- [ ] _____
- [ ] _____
- [ ] _____

TOP PRIORITIES TODAY

1. _____
2. _____
3. _____

Date: /   /

_____

_____

_____

_____

_____

_____

_____

_____

_____

_____

_____

_____

_____

_____

_____

_____

THINGS TO BE GRATEFUL FOR TODAY

THINGS TO DO

DATE:____/____/____

- [ ] _____
- [ ] _____
- [ ] _____
- [ ] _____
- [ ] _____
- [ ] _____
- [ ] _____
- [ ] _____
- [ ] _____
- [ ] _____
- [ ] _____
- [ ] _____
- [ ] _____
- [ ] _____
- [ ] _____
- [ ] _____
- [ ] _____
- [ ] _____

TOP PRIORITIES TODAY

1. _____
2. _____
3. _____

"Always dream big and follow your heart"

Date: /   /

THINGS TO BE GRATEFUL FOR TODAY

THINGS TO DO

DATE:___/___/___

- [ ] _____
- [ ] _____
- [ ] _____
- [ ] _____
- [ ] _____
- [ ] _____
- [ ] _____
- [ ] _____
- [ ] _____
- [ ] _____
- [ ] _____
- [ ] _____
- [ ] _____
- [ ] _____
- [ ] _____
- [ ] _____
- [ ] _____
- [ ] _____

TOP PRIORITIES TODAY

1. _____
2. _____
3. _____

Date: /   /

THINGS TO BE GRATEFUL FOR TODAY

THINGS TO DO

DATE:___/___/___

☐ _____
☐ _____
☐ _____
☐ _____
☐ _____
☐ _____
☐ _____
☐ _____
☐ _____
☐ _____
☐ _____
☐ _____
☐ _____
☐ _____
☐ _____
☐ _____
☐ _____
☐ _____

TOP PRIORITIES TODAY

1. _____
2. _____
3. _____

"A successful person is someone that understands temporary defeat as a learning process, never give up!"

Date: /   /

_____

_____

_____

_____

_____

_____

_____

_____

_____

_____

_____

_____

_____

_____

_____

_____

_____

THINGS TO BE GRATEFUL FOR TODAY

THINGS TO DO

DATE:___/___/___

- [ ] _____
- [ ] _____
- [ ] _____
- [ ] _____
- [ ] _____
- [ ] _____
- [ ] _____
- [ ] _____
- [ ] _____
- [ ] _____
- [ ] _____
- [ ] _____
- [ ] _____
- [ ] _____
- [ ] _____
- [ ] _____
- [ ] _____

TOP PRIORITIES TODAY

1. _____
2. _____
3. _____

Date: /   /

THINGS TO BE GRATEFUL FOR TODAY

THINGS TO DO

DATE:___/___/___

- [ ] _____
- [ ] _____
- [ ] _____
- [ ] _____
- [ ] _____
- [ ] _____
- [ ] _____
- [ ] _____
- [ ] _____
- [ ] _____
- [ ] _____
- [ ] _____
- [ ] _____
- [ ] _____
- [ ] _____
- [ ] _____
- [ ] _____
- [ ] _____

TOP PRIORITIES TODAY

1. _____
2. _____
3. _____

"Doing what you believe in, and going after your dreams will only result in success." - Anonymous

Date: /   /

_____

_____

_____

_____

_____

_____

_____

_____

_____

_____

_____

_____

_____

_____

_____

_____

_____

_____

THINGS TO BE GRATEFUL FOR TODAY

THINGS TO DO

DATE:___/___/___

☐ _____

☐ _____

☐ _____

☐ _____

☐ _____

☐ _____

☐ _____

☐ _____

☐ _____

☐ _____

☐ _____

☐ _____

☐ _____

☐ _____

☐ _____

☐ _____

☐ _____

☐ _____

TOP PRIORITIES TODAY

1. _____

2. _____

3. _____

> *"Be brave, fight for what you believe in and make your dreams a reality."* - Anonymous

Date: /   /

_____

_____

_____

_____

_____

_____

_____

_____

_____

_____

_____

_____

_____

_____

_____

_____

_____

THINGS TO BE GRATEFUL FOR TODAY

THINGS TO DO

DATE:___/___/___

- [ ] _____
- [ ] _____
- [ ] _____
- [ ] _____
- [ ] _____
- [ ] _____
- [ ] _____
- [ ] _____
- [ ] _____
- [ ] _____
- [ ] _____
- [ ] _____
- [ ] _____
- [ ] _____
- [ ] _____
- [ ] _____
- [ ] _____
- [ ] _____

TOP PRIORITIES TODAY

1. _____
2. _____
3. _____

"Let your dreams be bigger than your fears and your actions louder than your words." - Anonymous

Date: /   /

THINGS TO BE GRATEFUL FOR TODAY

THINGS TO DO

DATE:___/___/___

- [ ] _____
- [ ] _____
- [ ] _____
- [ ] _____
- [ ] _____
- [ ] _____
- [ ] _____
- [ ] _____
- [ ] _____
- [ ] _____
- [ ] _____
- [ ] _____
- [ ] _____
- [ ] _____
- [ ] _____
- [ ] _____
- [ ] _____
- [ ] _____

TOP PRIORITIES TODAY

1. _____
2. _____
3. _____

> *"Start every day with a goal in mind and make it happen with your actions"*

Date: /   /

_____

_____

_____

_____

_____

_____

_____

_____

_____

_____

_____

_____

_____

_____

_____

_____

_____

_____

_____

THINGS TO BE GRATEFUL FOR TODAY

THINGS TO DO

DATE:____/____/____

- [ ] _____
- [ ] _____
- [ ] _____
- [ ] _____
- [ ] _____
- [ ] _____
- [ ] _____
- [ ] _____
- [ ] _____
- [ ] _____
- [ ] _____
- [ ] _____
- [ ] _____
- [ ] _____
- [ ] _____
- [ ] _____
- [ ] _____

TOP PRIORITIES TODAY

1. _____
2. _____
3. _____

Date: /   /

_____

_____

_____

_____

_____

_____

_____

_____

_____

_____

_____

_____

_____

_____

_____

_____

_____

THINGS TO BE GRATEFUL FOR TODAY

THINGS TO DO

DATE:___/___/___

- [ ] _____
- [ ] _____
- [ ] _____
- [ ] _____
- [ ] _____
- [ ] _____
- [ ] _____
- [ ] _____
- [ ] _____
- [ ] _____
- [ ] _____
- [ ] _____
- [ ] _____
- [ ] _____
- [ ] _____
- [ ] _____
- [ ] _____
- [ ] _____

TOP PRIORITIES TODAY

1. _____
2. _____
3. _____

"Difficulties are nothing more than opportunities in disguise, keep on trying and you will succeed"

Date: /   /

THINGS TO BE GRATEFUL FOR TODAY

THINGS TO DO

DATE:___/___/___

☐ _____
☐ _____
☐ _____
☐ _____
☐ _____
☐ _____
☐ _____
☐ _____
☐ _____
☐ _____
☐ _____
☐ _____
☐ _____
☐ _____
☐ _____
☐ _____
☐ _____
☐ _____

TOP PRIORITIES TODAY

1. _____
2. _____
3. _____

*"Always have a powerful reason to wake up
every new morning, set goals and follow your dreams"*

Date: /   /

THINGS TO BE GRATEFUL FOR TODAY

THINGS TO DO

DATE:___/___/___

- [ ] _____
- [ ] _____
- [ ] _____
- [ ] _____
- [ ] _____
- [ ] _____
- [ ] _____
- [ ] _____
- [ ] _____
- [ ] _____
- [ ] _____
- [ ] _____
- [ ] _____
- [ ] _____
- [ ] _____
- [ ] _____
- [ ] _____

TOP PRIORITIES TODAY

1. _____
2. _____
3. _____

"Never let your dreams die for fear of failure, defeat is just temporary; your dreams are your power"

Date: /   /

_____

_____

_____

_____

_____

_____

_____

_____

_____

_____

_____

_____

_____

_____

_____

_____

_____

THINGS TO BE GRATEFUL FOR TODAY

THINGS TO DO

DATE:___/___/___

☐ _____
☐ _____
☐ _____
☐ _____
☐ _____
☐ _____
☐ _____
☐ _____
☐ _____
☐ _____
☐ _____
☐ _____
☐ _____
☐ _____
☐ _____
☐ _____
☐ _____
☐ _____

TOP PRIORITIES TODAY

1. _____
2. _____
3. _____

"Have faith in the future but above all in yourself"

Date: /   /

_____
_____
_____
_____
_____
_____
_____
_____
_____
_____
_____
_____
_____
_____
_____
_____
_____
_____
_____

THINGS TO BE GRATEFUL FOR TODAY

THINGS TO DO

DATE:___/___/___

- [ ] _____
- [ ] _____
- [ ] _____
- [ ] _____
- [ ] _____
- [ ] _____
- [ ] _____
- [ ] _____
- [ ] _____
- [ ] _____
- [ ] _____
- [ ] _____
- [ ] _____
- [ ] _____
- [ ] _____
- [ ] _____
- [ ] _____
- [ ] _____

TOP PRIORITIES TODAY

1. _____
2. _____
3. _____

Date: /   /

_____

_____

_____

_____

_____

_____

_____

_____

_____

_____

_____

_____

_____

_____

_____

_____

_____

THINGS TO BE GRATEFUL FOR TODAY

THINGS TO DO

DATE:___/___/___

- [ ] _____
- [ ] _____
- [ ] _____
- [ ] _____
- [ ] _____
- [ ] _____
- [ ] _____
- [ ] _____
- [ ] _____
- [ ] _____
- [ ] _____
- [ ] _____
- [ ] _____
- [ ] _____
- [ ] _____
- [ ] _____
- [ ] _____
- [ ] _____

TOP PRIORITIES TODAY

1. _____
2. _____
3. _____

Date: /   /

THINGS TO BE GRATEFUL FOR TODAY

THINGS TO DO

DATE:_____/_____/_____

☐ _____
☐ _____
☐ _____
☐ _____
☐ _____
☐ _____
☐ _____
☐ _____
☐ _____
☐ _____
☐ _____
☐ _____
☐ _____
☐ _____
☐ _____
☐ _____
☐ _____

TOP PRIORITIES TODAY

1. _____
2. _____
3. _____

"Dream – Believe – Achieve"

Date: /   /

_____

_____

_____

_____

_____

_____

_____

_____

_____

_____

_____

_____

_____

_____

_____

_____

_____

_____

_____

_____

THINGS TO BE GRATEFUL FOR TODAY

THINGS TO DO

DATE:____/____/____

- [ ] _____
- [ ] _____
- [ ] _____
- [ ] _____
- [ ] _____
- [ ] _____
- [ ] _____
- [ ] _____
- [ ] _____
- [ ] _____
- [ ] _____
- [ ] _____
- [ ] _____
- [ ] _____
- [ ] _____
- [ ] _____
- [ ] _____
- [ ] _____

TOP PRIORITIES TODAY

1. _____
2. _____
3. _____

"If you want to feel rich, just count all the things you have that money can't buy" — *Anonymous*

Date: /   /

_____

_____

_____

_____

_____

_____

_____

_____

_____

_____

_____

_____

_____

_____

_____

_____

_____

7 THINGS TO BE GRATEFUL FOR TODAY

THINGS TO DO

DATE:___/___/___

☐ _____
☐ _____
☐ _____
☐ _____
☐ _____
☐ _____
☐ _____
☐ _____
☐ _____
☐ _____
☐ _____
☐ _____
☐ _____
☐ _____
☐ _____
☐ _____
☐ _____
☐ _____

TOP PRIORITIES TODAY

1. _____
2. _____
3. _____

"I am never a failure until I begin blaming others"
- Anonymous

Date: /   /

_____
_____
_____
_____
_____
_____
_____
_____
_____
_____
_____
_____
_____
_____
_____
_____
_____
_____
_____

THINGS TO BE GRATEFUL FOR TODAY

THINGS TO DO

DATE:____/____/____

☐ _____
☐ _____
☐ _____
☐ _____
☐ _____
☐ _____
☐ _____
☐ _____
☐ _____
☐ _____
☐ _____
☐ _____
☐ _____
☐ _____
☐ _____
☐ _____
☐ _____
☐ _____

TOP PRIORITIES TODAY

1. _____
2. _____
3. _____

> *"Some pursue success and happiness – others create it"* — Anonymous

Date: /   /

THINGS TO BE GRATEFUL FOR TODAY

THINGS TO DO

DATE:____/____/____

☐ _____
☐ _____
☐ _____
☐ _____
☐ _____
☐ _____
☐ _____
☐ _____
☐ _____
☐ _____
☐ _____
☐ _____
☐ _____
☐ _____
☐ _____
☐ _____
☐ _____
☐ _____

TOP PRIORITIES TODAY

1. _____
2. _____
3. _____

> *"It's better to have an impossible dream than no dream at all."* – Anonymous

Date: /   /

_____
_____
_____
_____
_____
_____
_____
_____
_____
_____
_____
_____
_____
_____
_____

THINGS TO BE GRATEFUL FOR TODAY

THINGS TO DO

DATE:___/___/___

- [ ] _____
- [ ] _____
- [ ] _____
- [ ] _____
- [ ] _____
- [ ] _____
- [ ] _____
- [ ] _____
- [ ] _____
- [ ] _____
- [ ] _____
- [ ] _____
- [ ] _____
- [ ] _____
- [ ] _____
- [ ] _____
- [ ] _____
- [ ] _____

TOP PRIORITIES TODAY

1. _____
2. _____
3. _____

Date: /   /

_____

_____

_____

_____

_____

_____

_____

_____

_____

_____

_____

_____

_____

_____

_____

_____

_____

THINGS TO BE GRATEFUL FOR TODAY

THINGS TO DO

DATE:____/____/____

- [ ] _____
- [ ] _____
- [ ] _____
- [ ] _____
- [ ] _____
- [ ] _____
- [ ] _____
- [ ] _____
- [ ] _____
- [ ] _____
- [ ] _____
- [ ] _____
- [ ] _____
- [ ] _____
- [ ] _____
- [ ] _____
- [ ] _____
- [ ] _____
- [ ] _____

TOP PRIORITIES TODAY

1. _____
2. _____
3. _____

"Don't let yesterday's disappointments, overshadow tomorrow's achievements" — *Anonymous*

Date: /   /

_____

_____

_____

_____

_____

_____

_____

_____

_____

_____

_____

_____

_____

_____

_____

_____

_____

_____

THINGS TO BE GRATEFUL FOR TODAY

THINGS TO DO

DATE:___/___/___

☐ _____
☐ _____
☐ _____
☐ _____
☐ _____
☐ _____
☐ _____
☐ _____
☐ _____
☐ _____
☐ _____
☐ _____
☐ _____
☐ _____
☐ _____
☐ _____
☐ _____
☐ _____

TOP PRIORITIES TODAY

1. _____
2. _____
3. _____

"Dreams don't come true. Dreams are true"
— Anonymous

Date: /   /

_____
_____
_____
_____
_____
_____
_____
_____
_____
_____
_____
_____
_____
_____
_____
_____
_____
_____
_____

THINGS TO BE GRATEFUL FOR TODAY

Date: /   /

THINGS TO BE GRATEFUL FOR TODAY

> *"A journey of a thousand miles must begin with a single step."* – Lao Tzu

Date: /   /

_____
_____
_____
_____
_____
_____
_____
_____
_____
_____
_____
_____
_____
_____
_____
_____
_____

THINGS TO BE GRATEFUL FOR TODAY

THINGS TO DO

DATE:____/____/____

- [ ] _____
- [ ] _____
- [ ] _____
- [ ] _____
- [ ] _____
- [ ] _____
- [ ] _____
- [ ] _____
- [ ] _____
- [ ] _____
- [ ] _____
- [ ] _____
- [ ] _____
- [ ] _____
- [ ] _____
- [ ] _____
- [ ] _____
- [ ] _____

TOP PRIORITIES TODAY

1. _____
2. _____
3. _____

Date: /   /

THINGS TO BE GRATEFUL FOR TODAY

THINGS TO DO

DATE:___/___/___

- [ ] _____
- [ ] _____
- [ ] _____
- [ ] _____
- [ ] _____
- [ ] _____
- [ ] _____
- [ ] _____
- [ ] _____
- [ ] _____
- [ ] _____
- [ ] _____
- [ ] _____
- [ ] _____
- [ ] _____
- [ ] _____
- [ ] _____
- [ ] _____

TOP PRIORITIES TODAY

1. _____
2. _____
3. _____

> *"No dreamer is ever too small; no dream is ever too big."* – Anonymous

Date: /   /

_____

_____

_____

_____

_____

_____

_____

_____

_____

_____

_____

_____

_____

_____

_____

_____

_____

THINGS TO BE GRATEFUL FOR TODAY

THINGS TO DO

DATE:____/____/____

- [ ] _____
- [ ] _____
- [ ] _____
- [ ] _____
- [ ] _____
- [ ] _____
- [ ] _____
- [ ] _____
- [ ] _____
- [ ] _____
- [ ] _____
- [ ] _____
- [ ] _____
- [ ] _____
- [ ] _____
- [ ] _____
- [ ] _____
- [ ] _____

TOP PRIORITIES TODAY

1. _____
2. _____
3. _____

> *"Remember yesterday, dream of tomorrow, but live for today"* — Anonymous

Date: /   /

_____

_____

_____

_____

_____

_____

_____

_____

_____

_____

_____

_____

_____

_____

_____

_____

_____

_____

THINGS TO BE GRATEFUL FOR TODAY

THINGS TO DO

DATE:_____/_____/_____

- ☐ _____
- ☐ _____
- ☐ _____
- ☐ _____
- ☐ _____
- ☐ _____
- ☐ _____
- ☐ _____
- ☐ _____
- ☐ _____
- ☐ _____
- ☐ _____
- ☐ _____
- ☐ _____
- ☐ _____
- ☐ _____
- ☐ _____
- ☐ _____

TOP PRIORITIES TODAY

1. _____
2. _____
3. _____

Date: /   /

_____

_____

_____

_____

_____

_____

_____

_____

_____

_____

_____

_____

_____

_____

_____

_____

_____

_____

THINGS TO BE GRATEFUL FOR TODAY

THINGS TO DO

DATE:____/____/____

☐ _____
☐ _____
☐ _____
☐ _____
☐ _____
☐ _____
☐ _____
☐ _____
☐ _____
☐ _____
☐ _____
☐ _____
☐ _____
☐ _____
☐ _____
☐ _____
☐ _____
☐ _____

TOP PRIORITIES TODAY

1. _____
2. _____
3. _____

"Once you have a dream put all your heart and soul to achieve it"

Date: / /

_____

_____

_____

_____

_____

_____

_____

_____

_____

_____

_____

_____

_____

_____

_____

_____

_____

_____

THINGS TO BE GRATEFUL FOR TODAY

THINGS TO DO

DATE:___/___/___

- [ ] _____
- [ ] _____
- [ ] _____
- [ ] _____
- [ ] _____
- [ ] _____
- [ ] _____
- [ ] _____
- [ ] _____
- [ ] _____
- [ ] _____
- [ ] _____
- [ ] _____
- [ ] _____
- [ ] _____
- [ ] _____
- [ ] _____
- [ ] _____

TOP PRIORITIES TODAY

1. _____
2. _____
3. _____

Date: /   /

_____

_____

_____

_____

_____

_____

_____

_____

_____

_____

_____

_____

_____

_____

_____

_____

THINGS TO BE GRATEFUL FOR TODAY

THINGS TO DO

DATE:____/____/____

- [ ] _____
- [ ] _____
- [ ] _____
- [ ] _____
- [ ] _____
- [ ] _____
- [ ] _____
- [ ] _____
- [ ] _____
- [ ] _____
- [ ] _____
- [ ] _____
- [ ] _____
- [ ] _____
- [ ] _____
- [ ] _____
- [ ] _____
- [ ] _____

TOP PRIORITIES TODAY

1. _____
2. _____
3. _____

"Difficult roads often lead to beautiful destinations"

Date: /   /

_____

_____

_____

_____

_____

_____

_____

_____

_____

_____

_____

_____

_____

_____

_____

_____

_____

_____

_____

_____

THINGS TO BE GRATEFUL FOR TODAY

THINGS TO DO

DATE:___/___/___

☐ _____
☐ _____
☐ _____
☐ _____
☐ _____
☐ _____
☐ _____
☐ _____
☐ _____
☐ _____
☐ _____
☐ _____
☐ _____
☐ _____
☐ _____
☐ _____
☐ _____
☐ _____

TOP PRIORITIES TODAY

1. _____
2. _____
3. _____

"Believe in yourself and you will be unstoppable"

Date: /   /

THINGS TO BE GRATEFUL FOR TODAY

THINGS TO DO

DATE:___/___/___

- [ ] _____
- [ ] _____
- [ ] _____
- [ ] _____
- [ ] _____
- [ ] _____
- [ ] _____
- [ ] _____
- [ ] _____
- [ ] _____
- [ ] _____
- [ ] _____
- [ ] _____
- [ ] _____
- [ ] _____
- [ ] _____
- [ ] _____
- [ ] _____

TOP PRIORITIES TODAY

1. _____
2. _____
3. _____

Date: /   /

THINGS TO BE GRATEFUL FOR TODAY

THINGS TO DO

DATE:____/____/____

- [ ] _____
- [ ] _____
- [ ] _____
- [ ] _____
- [ ] _____
- [ ] _____
- [ ] _____
- [ ] _____
- [ ] _____
- [ ] _____
- [ ] _____
- [ ] _____
- [ ] _____
- [ ] _____
- [ ] _____
- [ ] _____
- [ ] _____
- [ ] _____

TOP PRIORITIES TODAY

1. _____
2. _____
3. _____

Date: /   /

_____

_____

_____

_____

_____

_____

_____

_____

_____

_____

_____

_____

_____

_____

_____

_____

_____

_____

THINGS TO BE GRATEFUL FOR TODAY

THINGS TO DO

DATE:____/____/____

- [ ] _____
- [ ] _____
- [ ] _____
- [ ] _____
- [ ] _____
- [ ] _____
- [ ] _____
- [ ] _____
- [ ] _____
- [ ] _____
- [ ] _____
- [ ] _____
- [ ] _____
- [ ] _____
- [ ] _____
- [ ] _____
- [ ] _____
- [ ] _____

TOP PRIORITIES TODAY

1. _____
2. _____
3. _____

"You are capable of amazing things"

Date: /   /

_____

_____

_____

_____

_____

_____

_____

_____

_____

_____

_____

_____

_____

_____

_____

_____

_____

_____

_____

THINGS TO BE GRATEFUL FOR TODAY

THINGS TO DO

DATE:___/___/___

☐ _____

☐ _____

☐ _____

☐ _____

☐ _____

☐ _____

☐ _____

☐ _____

☐ _____

☐ _____

☐ _____

☐ _____

☐ _____

☐ _____

☐ _____

☐ _____

☐ _____

☐ _____

TOP PRIORITIES TODAY

1. _____

2. _____

3. _____

Date: /   /

_____
_____
_____
_____
_____
_____
_____
_____
_____
_____
_____
_____
_____
_____
_____
_____
_____
_____
_____

THINGS TO BE GRATEFUL FOR TODAY

THINGS TO DO

DATE:___/___/___

- [ ] _____
- [ ] _____
- [ ] _____
- [ ] _____
- [ ] _____
- [ ] _____
- [ ] _____
- [ ] _____
- [ ] _____
- [ ] _____
- [ ] _____
- [ ] _____
- [ ] _____
- [ ] _____
- [ ] _____
- [ ] _____
- [ ] _____
- [ ] _____
- [ ] _____

TOP PRIORITIES TODAY

1. _____
2. _____
3. _____

"Nothing worth having comes easy" - Anonymous

Date: /   /

_____

_____

_____

_____

_____

_____

_____

_____

_____

_____

_____

_____

_____

_____

_____

_____

_____

_____

THINGS TO BE GRATEFUL FOR TODAY

THINGS TO DO

DATE:____/____/____

- [ ] _____
- [ ] _____
- [ ] _____
- [ ] _____
- [ ] _____
- [ ] _____
- [ ] _____
- [ ] _____
- [ ] _____
- [ ] _____
- [ ] _____
- [ ] _____
- [ ] _____
- [ ] _____
- [ ] _____
- [ ] _____
- [ ] _____
- [ ] _____

TOP PRIORITIES TODAY

1. _____
2. _____
3. _____

"Never Ever Give Up!"

Date: ___ / ___ / ___

_____

_____

_____

_____

_____

_____

_____

_____

_____

_____

_____

_____

_____

_____

_____

_____

_____

_____

_____

_____

THINGS TO BE GRATEFUL FOR TODAY

We hope you liked your journal – notebook, please let us know if you liked it by writing a review, it means a lot to us.

Thank you!

DESIGNED BY Creative PositivePress FOR:

CREATIVE JOURNALS FACTORY

Made in United States
Orlando, FL
26 November 2023

39549149R00061